Wir spielen Schattentheater

Werkbücher
für Kinder, Eltern und Erzieher

Heft 1

Herausgegeben von der
Internationalen Vereinigung der Waldorfkindergärten

Wir spielen Schattentheater

von ERIKA ZIMMERMANN

Anregungen für eine einfache Bühne
kleine Szenen und zwei Märchenspiele
mit zahlreichen Zeichnungen und Scherenschnitten

VERLAG FREIES GEISTESLEBEN STUTTGART

2. Auflage 1980
© 1979 Verlag Freies Geistesleben GmbH Stuttgart
Herstellung: Greiser-Druck Rastatt
ISBN: 3 7725 0441 8

Inhalt

Vorwort

Arbeitsmaterial für die Erwachsenen – Spielmaterial für die Kinder! Wenn man nach einem Namen sucht, der diese Buchreihe als Schwester neben die Hefte des «Arbeitsmaterial aus den Waldorfkindergärten» stellt, wird der geheimnisvolle Zusammenhang von Spiel und Arbeit neu bewußt. Arbeit, die den Erwachsenen seelisch «engagiert», die er um eines Zieles willen mit Freude auch dann leistet, wenn es ihn Schweiß und Mühe kostet, – sie ist dem Spiel des Kindes wesensverwandt. Der gleiche Ernst, die gleiche Befriedigung, die beglückende Freude am Geschehen walten hier wie dort. Nicht Zweck und Lohn sind maßgebend, sondern Sinn und Freude. In der Liebe zu dem, was man selber tut, liegt der Lohn – und im Erlebnis, das man erschafft. So deutlich beobachtete Rudolf Steiner die Umwandlung von der Spielfähigkeit zur Arbeitstüchtigkeit, daß er wiederholt mit dem Weg aus der Kinderstube in die freudig besuchte Schule und von dort in das berufliche Leben die Aufgabe des Erziehers beschrieb. Die Metamorphose vom Spiel zur Arbeit zu begleiten und als «Erziehungskünstler» anzuregen, ist ein umfassendes Erziehungsziel.

Erziehung sollte wahrhaftig mehr als Kunst denn als Wissenschaft verstanden werden. In ihr verschmelzen wissenschaftliche Nachdenklichkeit und liebevolle Hingabe zur Lebenskunst. In der künstlerischen Gestaltung, in dem Finden von Bildern, die sich in Farben oder Worten, in Formen oder Klängen mitteilen, wird es am deutlichsten, daß in der Mitte des Herzens die Wandlung sich vollzieht – von der Arbeit zum Spiel, vom Spiel zur Arbeit. Und aus diesem menschlichen, innerlich reich machenden Bereich der Herzensanteilnahme, aus dem jeder phantasievoll künstlerisch tätig werden kann, sollten wir Erwachsenen mit frischem Mut schöpfen.

In diesem Bändchen sind es Schattenspiele. Die Erklärungen geben die Handreichung, das Technische zu meistern. Die Beispiele wollen die Begeisterung zum Tun wecken und der eigenen Phantasie, der eigenen «Arbeit» freie Bahn schaffen. Aktivität wird entzündet in den Erwachsenen und in den Kindern – und sie wirkt die lebendige Beziehung zwischen beiden, die der Fernseher tötet. Mit diesem Wunsche legen wir das Buch in die Hände der Erzieher, der Eltern, der Kinderfreunde: daß es eine Hilfe sei, das liebevolle Miteinander zu mehren, das dann aus Hort und Kinderstube in das soziale Leben übergehen wird.

Helmut von Kügelgen

Zum Beginn

In diesem Buch finden wir am Anfang eine Beschreibung, wie
man Schattentheater spielt und wie die Figuren und die Bühne
dazu hergestellt werden.
Dann folgen allerlei lustige Spiele mit den Schatten.
Der zweite Teil des Buches enthält zwei Märchenspiele für die
Schattenbühne mit Kulissen und Figurenbogen.
Und am Schluß steht das Spiel-ABC mit vielen wichtigen Hinweisen und Ratschlägen.
Der Sinn dieses Büchleins ist der, daß wir nicht nur vor einer
fertigen Bühne sitzen und hineinschauen, sondern daß wir uns
alles selbst gestalten können.

Was ist Schattentheater?

Hast du schon einmal am Abend, wenn im Zimmer die Lampe brennt, mit deinen Händen ein Schattenspiel an die Wand gezaubert?

Man hält die Hände zwischen Lampe und Wand; und je nachdem, wie man die Hände aneinander legt, erscheint an der Wand der Kopf einer Ente oder ein Hase, der mit den Ohren wackelt oder ein Bär, der sein Maul aufsperrt.

Du kannst aber auch statt der Hände kleine Figuren nehmen. Und an Stelle der Wand kannst du einen Rahmen aufstellen mit einem weißen Papier darin. Dann erscheinen die Schatten deiner Figuren auf dem Papier.

Und wenn du dazu noch eine Geschichte erzählst, so hast du ein richtiges Schattentheater.

Was können wir auf der Schattenbühne spielen?

Das Schattenspiel wirkt immer ein wenig zauberhaft und geheimnisvoll. Darum eignet es sich besonders gut zur Darstellung von Märchen, Sagen und Legenden. Sehr schön sind Märchen mit immer wiederkehrenden Sprüchen oder Versen, die alle Zuschauer mitsprechen können:

> Manntje, Manntje Timpe Te,
> Buttje, Buttje in de See . . .

Aber auch Gespenstergeschichten, Abenteuer und lustige Gedichte von Tieren und allerlei Käuzen und Fabelwesen, wie sie in deinem Lesebuch stehen, können auf der Schattenbühne lebendig werden. Die ganze Welt der Wunder und Träume läßt sich auf diese kleine Bühne zaubern.

Und alles kannst du dir selbst gestalten!

Die Schattenbühne siehe auch Spiel-ABC «Tischbühne»

Zuerst brauchst du für dein Schattentheater eine Bühne mit einer
weißen Spielfläche darin.

Eine ganz einfache Schattenbühne kann man aus einem tiefen
Karton basteln. Aus dem Boden des Kartons schneidet man in der
Mitte ein viereckiges Stück heraus und klebt von innen hinter
diese Öffnung einen Bogen dünnes, weißes Papier. Das Papier
wird 2 cm größer geschnitten, als die Öffnung ist. Dann wird die
Pappe rings um die Öffnung mit Klebstoff bestrichen und das
Papier draufgeklebt.

Beim Kleben das Papier nach außen ziehen. Es muß stramm und
ohne Falten im Fenster sitzen. Man kann das Papier auch mit
Tesakrepp-Streifen hinter dem Fenster befestigen. Es läßt sich
dann leicht auswechseln, wenn es einmal beschädigt ist.

Nun wird der Karton aufrecht hingestellt und die Schattenbühne
ist fertig. Lege einen flachen Stein oder Briefbeschwerer in die
Bühne, damit sie fest steht.

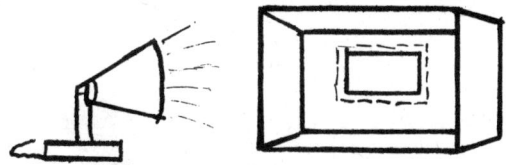

Findet die Vorstellung am Abend statt, stellst du eine kleine
Nachttischlampe hinter die Bühne. Das Licht strahlt dann genau
auf die weiße Spielfläche.

13

Vom Schneiden der Figuren

(Lies dazu Spiel-ABC «ausschneiden» und «Figuren»)

Das Ausschneiden der Schattenfiguren ist nicht schwer. Man schneidet sie aus Pappe oder Kartonpapier. Versuche es einmal! Nimm ein Stück schwarzes Kartonpapier und schneide mit der Schere zunächst einfach hinein, auf und ab, hin und her, so wie es gerade kommt. Und plötzlich – ehe du es merkst – ist schon ein kleiner Pilz entstanden oder ein Tor oder ein Männchen. Schneide noch mehr Figuren aus. Übung macht den Meister! Wenn es dir leichter erscheint, dann zeichne die Figur erst mit Bleistift vor und schneide sie dann aus.

Jetzt versuche einmal, einen Menschen auszuschneiden, den Kopf, den Körper, Arme und Beine.

Es gibt große und kleine Menschen, dicke und dünne. Sie haben Kleider an oder einen Rock und eine Hose oder einen Mantel. Manche haben auch einen Hut auf dem Kopf.

Alles muß im Scherenschnitt genau zu erkennen sein, dann erscheint es auch im Schattenbild. Prüfe deine Figuren auf der Bühne!

Auch Tiere lassen sich leicht ausschneiden, ein Hund, eine Katze, ein Igel oder ein Elefant.

Bevor du aber die Tiere schneidest, mußt du sie mit einem hellen Farbstift aufzeichnen, damit du siehst, ob sie dir auch gefallen.

Nun kannst du schon Figuren für ein Schattenspiel ausschneiden.
Alle Figuren für das Schattenspiel schneidet man von der Seite
gesehen, dann sind sie im Schatten am besten zu erkennen. Und
am unteren Ende der Figur mußt du ein Stück Pappe stehen lassen
als Griff oder «Haltestab», daran man die Figur über die Bühne
führt.

Wie man die Figuren führt und wie sie sitzen, gehen und tanzen,
das kannst du im Spiel-ABC lesen unter «Auftritt», «Führung» und
«Umwenden».

*Lustige Spiele
mit den Schatten*

Schatten raten

Für dieses Spiel sammelst du allerlei Gegenstände, die im Schatten gut zu erkennen sind, zum Beispiel eine Puppengabel, eine Schere, einen Kamm oder einen Zwirnstern aus dem Nähkasten, einen Bleistift und auch Zweige, Blätter und Blumen.
Alles legst du hinter deine Bühne auf den Tisch.
Nun wird das Licht hinter der Bühne eingeschaltet und dann führst du einen Gegenstand nach dem anderen dicht hinter der Spielfläche vorüber. Die Zuschauer sehen nur die Schatten der Gegenstände. Und nach den Schatten müssen sie raten, was du gezeigt hast. Das macht ihnen viel Spaß, und sicher wird dir noch manches einfallen, was sich für dieses Ratespiel eignet. Und dann gibt es immer wieder neue Überraschungen.

Dieses Ratespiel kann man, besonders, wenn viele Kinder beisammen sind, auch mit selbstgeschnittenen Figuren spielen (siehe Seite 14).

Wir sind die Musikanten

Für alle, die gerne singen und musizieren, könnt ihr ein lustiges
Liederraten veranstalten. Jeder schneidet ein Bild aus. Es gibt in
eurem Liederbuch viele schöne Kinderlieder, die alle Kinder
kennen und die man mit wenig Figuren darstellen kann. Zum
Beispiel:
«Es tanzt ein Bibabutzemann» oder «Hänschen klein ging allein»
und «Es regnet, es regnet», dann «Auf unsrer Wiese gehet was,
watet durch die Sümpfe» oder das Lied von den Birnen «Spannen-
langer Hansel, nudeldicke Dirn» und zuletzt «Laterne, Laterne».
Wenn alle Bilder fertig geschnitten sind und die Vorstellung
beginnt, dann führt ihr ein Bild nach dem anderen langsam über
die Bühne, dicht an der Spielfläche entlang. Und die Zuschauer
müssen nun raten, welches Lied ihr dargestellt habt. Wer es zuerst
erraten hat, der darf es singen.

   Laterne, Laterne,
   Sonne, Mond und Sterne.

Tanz auf dem Seil

Gewiß hast du schon einmal eine Seiltänzerin gesehen, wie sie
kunstvoll über das Seil balanciert!
Das können wir auf der Schattenbühne auch versuchen.
Zeichne auf schwarzes Kartonpapier eine Tanzfigur und schneide
sie aus. Dann klebe einen Zwirnsfaden, etwa 25 cm lang, mit
seinen beiden Enden an die Arme der Figur. Der Faden wird um
einen Pappstreifen gewickelt, damit kann man die Figur von oben
führen. Nun spannst du noch einen dünnen Bindfaden hinter der
Bühne entlang von einer Seite zur anderen und befestigst ihn an
beiden Seiten mit Tesa-Krepp. Das ist das Seil.
Und jetzt führst du deine kleine Tänzerin von der Seite her auf das
Seil. Sie muß dicht an die Spielfläche herangehalten werden,
damit die Schatten scharf bleiben.
Ganz vorsichtig und langsam, Schritt für Schritt mit kleinen
Bewegungen hin und her, so tanzt sie über das Seil. Es schadet
nichts, wenn sie auch einmal herunterfällt. Dann haben die
Zuschauer etwas zu lachen. Es ist nämlich gar nicht einfach, die
kleine Figur sicher über das ganze Seil zu bringen!

Der verzauberte Riese

Wenn du statt deiner elektrischen Bühnenlampe eine Taschen-
lampe benutzt, die eine einfache glatte Birne hat, dann kannst du
auf deiner Schattenbühne aus einem Zwerg einen Riesen
zaubern.
Hältst du deine Figur dicht an die Spielfläche heran, so erscheint
sie im Schatten klein, so wie sie geschnitten ist. Hältst du sie aber
weiter ab von der Spielfläche, dann wird sie im Schatten immer
größer und größer. Aus einem Zwerg ist ein Riese geworden.
Du kannst daraus ein kleines Ratespiel machen, indem du zuerst
das vergrößerte Schattenbild zeigst, etwas entfernt von der Spielfläche. Die vergrößerten Schatten sehen nämlich zuweilen ganz
anders aus, als deine Figur, und die Zuschauer haben viel zu
raten. Oft gelingt es ihnen nicht, und erst, wenn du deine Figur
wieder dicht an den Spielschirm heranführst, sehen sie, was du
gezeigt hast.
Das ist ein spannendes Spiel. Man kann geschnittene Figuren
dazu verwenden, aber auch allerlei kleine Gegenstände, die sich
dafür eignen.

21

Karpfen oder Schleierschwanz

Das ist ein Spiel für viele Kinder. Jeder kann einen Fisch ausschneiden. Sie werden im Faltschnitt geschnitten (siehe Spiel-ABC
«Fische»). Auf diese Weise kann man leicht das Innere heraus-
schneiden, so daß nur der äußere Rand stehen bleibt. Dann
werden sie mit grauem oder schwarzem Seidenpapier hinterklebt.
Wer Lust hat, kann seine Fische auch mit mattfarbigem Transparentpapier hinterkleben. Für solche Fische wird hinter die Spielwand ein Bogen hellgrünes Transparentpapier gehängt. Man befestigt ihn mit Tesa-Krepp an beiden Seiten.
Wenn alle Fische fertig sind, dann klebt ihr an jeden einen
Führungsstab aus durchsichtigem Zellophan. Und an diesen Stä-
ben kann man sie nun von oben und von unten und von der Seite
durch die Bildfläche schwimmen lassen.
Der schönste Fisch wird prämiert.

Der Stelzenläufer

Der Stelzenläufer ist ein Turnkünstler. Er steigt auf hohe Stelzen und kann mit ihnen spazierengehen.

Damit er richtig gehen kann, hat er ein bewegliches Bein. Dieses Bein ist extra ausgeschnitten und muß ein wenig länger sein als das andere, so daß man es am Körper mit einer Musterklammer befestigen kann.

Auf die Beine sind dann die hohen Stelzen aufgeklebt. Daran kann man den Stelzenläufer auch hinter der Bühne entlangführen. Er kann vorwärts gehen und rückwärts, mit großen und mit kleinen Schritten, wie es ihm gefällt.

Und zuletzt kann er sich sogar vor dem Publikum verbeugen.

Das gefräßige Krokodil

Das Krokodil kann sein Maul weit aufmachen. Der Unterkiefer ist
extra ausgeschnitten und mit einer kleinen Musterklammer am
Kopf befestigt. Und am Ende des Unterkiefers ist ein Draht
angebracht, ebenfalls mit einer kleinen Musterklammer. Wenn
man diesen Draht hin und her schiebt, dann geht das Maul auf
und zu. Siehe Spiel-ABC «Zirkus»

Nun kann das Krokodil ein ganzes Ei verschlingen und noch viel
mehr!
Aber man muß das ein wenig üben, sonst kann es geschehen, daß
das Ei danebenfällt. Stelle einen Spiegel vor die Bühne, damit du
dein Spiel beobachten kannst.
Für diese Vorführung sind zwei Spieler nötig, einer führt das
Krokodil, und der andere führt das Ei und alles, was das Krokodil
noch fressen will.

24

Wer will das Gruseln lernen?

Für dieses Schattenspiel brauchst du zwei Taschenlampen mit glatten Birnen und einige Bogen schwarzes Kartonpapier. Jeder Bogen muß so groß sein, daß er die ganze Spielfläche deiner Bühne bedeckt.

Nun zeichne auf jeden Bogen in die Mitte eine Figur, vielleicht eine Hexe oder einen Teufel oder einen Räuber oder einen Drachen mit zwei Köpfen! Dann schneide die Figur aus, so daß sie hell auf dem schwarzen Untergrund steht.

Und wenn das fertig ist, kann das Spiel beginnen. Den Bogen mit der Hexe steckst du in den Kulissenhalter deiner Bühne. Siehe Spiel-ABC «Kulissen». Dann schaltest du alles Licht im Raum aus und läßt nur die beiden Taschenlampen hinter der Bühne auf den Bildschirm leuchten. Die Zuschauer, die vor der Bühne sitzen, sehen jetzt die Hexe im Schattenbild. Weil du aber zwei Lichtquellen

benutzt, sehen die Zuschauer zwei Hexen. Und wenn du nun die Taschenlampen ganz sachte hin und her bewegst, herauf und herunter, nach rechts und nach links, dann bewegen sich auch die Schatten der Hexen. Sie werden lang und dünn und kurz und dick, sie springen hin und her und führen einen richtigen Hexentanz auf!

Dazu kannst du eine passende Musik machen, pfeifen, summen oder singen. Aber leise! Das Schattentheater verträgt keinen Lärm. Und dann versuche dasselbe mit den anderen Figuren, mit dem Teufel, dem Räuber und dem Drachen. Solange, bis alle Zuschauer das Gruseln gelernt haben!

Heut' ist große Zirkusvorstellung

Dieses Schattenspiel ist gut geeignet für eine Kindergesellschaft.
Jeder, der mitspielen will, schneidet eine Zirkusfigur aus. Wenn
alle Figuren fertig sind, dann kann die Vorstellung beginnen. Die
Artisten werden nacheinander über die Bühne geführt und zeigen
ihre Kunst.

Da gibt es einen Bären, der tanzen kann, Elefanten marschieren
auf, ein Riesenkrokodil kriecht herein und hinter Gittern sieht
man Löwen und Tiger.

Auch Affen können mitspielen und ihre Kletterkünste zeigen. Sie
haben Haltestäbe aus durchsichtigem Zellophan, die im Schattenbild nicht zu sehen sind.

Und dann erscheinen die Akrobaten, der Stelzenläufer oder der lustige Turner, der auf einer Kugel balancieren kann. Vielleicht gibt es auch eine kleine Seiltänzerin, die von oben an Fäden geführt wird, während ein zweiter Spieler ein Seil quer über die Bühne hält.

Und zuletzt kommen die beiden Spaßmacher, die mit riesengroßen Boxhandschuhen einen Boxkampf veranstalten wollen. Vor allem aber darf in einem Zirkus der Herr Direktor nicht fehlen, der immer eine tiefe Verbeugung macht, wenn er eine neue Nummer ansagt. Und daneben stehen die Musikanten und blasen einen Tusch, wobei der Trommler kräftig auf die Pauke haut.

*Zwei Märchenspiele
für die Schattenbühne*

Fundevogel

Ein Märchenspiel nach Grimm

Es spielen mit:
Lenchen, Fundevogel, die Köchin, der Knecht; dazu der Rosenstrauch, die Kirche und der See mit der Ente.

Zum Vorlesen:
Es war einmal ein Förster, der hatte zwei Kinder, das Mädchen
hieß Lenchen und der Knabe Fundevogel; denn der Förster hatte
ihn im Walde gefunden und mit nach Hause gebracht. Nun
wuchsen die beiden Kinder miteinander auf und sie hatten sich so
lieb, daß, wenn eins das andere nicht sah, es traurig wurde.
Es wohnte aber bei dem Förster noch eine alte Köchin, die war
dem Fundevogel gram und hatte nichts weiter im Sinn, als wie sie
ihm ein Leid antun könnte.

1. Bild: Vor dem Haus

Die Bühne wird hell, der Vorhang öffnet sich, wir sehen das Haus und den Zaun; die Köchin geht mit zwei Eimern mehrmals von rechts nach links über die Bühne und wieder zurück.

Eines Abends nahm die Köchin zwei Eimer und ging damit zum Brunnen, um Wasser zu holen. Aber sie ging nicht nur einmal, sondern mehrmals hinaus zum Brunnen.

Lenchen tritt vor die Tür.

Da trat Lenchen aus dem Haus und sprach zu ihr: «Sag, alte Sanne, warum trägst du so viel Wasser herzu?»
Sprach die Köchin: «Das will ich dir sagen, morgen früh, wenn der Förster in den Wald gegangen ist, heize ich ein, und wenn das Wasser im Kessel siedet, dann werfe ich den Fundevogel hinein.»
«Nein!» rief Lenchen, «das darfst du nicht tun, der Fundevogel ist mein lieber Bruder, er soll mich nimmermehr verlassen!» Aber die Köchin antwortete: «Das nützt dir alles nichts, der Fundevogel muß fort!»

Sie gehen ins Haus. Der Vorhang schließt sich.

So sprach die böse Sanne! Lenchen aber überlegte die ganze Nacht hindurch, wie sie dem Fundevogel helfen könnte.

31

2. Bild: In der Schlafkammer

Der Vorhang öffnet sich; wir sehen die Kinder in ihren Betten liegen.

Am anderen Morgen, als der Förster in den Wald gegangen war
und die Kinder noch in ihren Betten lagen, sprach Lenchen zum
Fundevogel:

> Verläßt du mich nicht,
> so verlaß ich dich auch nicht.

Sprach Fundevogel:

> Nun und nimmermehr.

Da sagte Lenchen: «So will ich es dir erzählen.» Sie richtet sich im
Bett auf. «Gestern abend trug die alte Sanne viele Eimer Wasser ins
Haus. Und als ich sie fragte, warum sie das tut, so sagte sie, wenn
der Vater in den Wald gegangen ist, will sie das Wasser im Kessel
sieden und dich hineinwerfen.» Leise. «Wir wollen aber
geschwind aufstehen, uns anziehen und fortlaufen.» Und sogleich
stiegen die Kinder aus ihren Betten, zogen sich an und liefen fort.

Sie stehen auf, bewegen sich hinter den Betten hin und her und laufen dann nach links fort; die Köchin kommt von rechts.

Als nun das Wasser im Kessel kochte, kam die Köchin in die Kammer, den Fundevogel zu holen. Da sah sie, daß die Betten leer waren! «Der Vogel ist ausgeflogen!» rief sie, «und Lenchen ist auch fort. Was will ich nun sagen, wenn der Förster heimkommt und sieht, daß die Kinder fort sind?» Sie läuft vor Angst hin und her. «Geschwind, geschwind, hinterdrein, daß wir sie wiederkriegen! Geschwind, geschwind hinterdrein!»
Sie läuft links ab. Der Vorhang schließt sich.

Nun schickte die Köchin den Knecht hinaus und befahl ihm, die Kinder einzufangen und wieder nach Hause zu bringen. Und alsogleich machte der Knecht sich auf den Weg.

3. Bild: Auf der Wiese

Der Vorhang öffnet sich, wir sehen die beiden Kinder auf der Wiese.

Die beiden Kinder saßen miteinander auf der Wiese hinter dem Wald. Plötzlich sahen sie den Knecht von weitem herbeikommen. Da sprach Lenchen zum Fundevogel:

> Verläßt du mich nicht,
> so verlaß ich dich auch nicht.

Sprach Fundevogel:

> Nun und nimmermehr.

Da sagte Lenchen: «So sollst du ein Rosenbäumchen werden und ich das Röschen darauf.»

Es erklingt eine leise Musik.

Verwandlung: Die Kinder verschwinden und es erscheint ein Rosenbäumchen mit einer Rose darauf (siehe Spiel-ABC).

Der Knecht kommt von links.

Nun kam der Knecht herbeigelaufen. Er schaute umher und sprach: «Die Kinder soll ich einfangen, aber hier ist nichts zu sehen, als ein Rosenbäumchen mit einer Rose oben darauf.» Er geht rechts hinaus und kommt wieder. «Die Kinder kann ich nirgends finden. So will ich wieder nach Hause gehen.»

Er geht links ab. Der Vorhang schließt sich.

Wie nun der Knecht nach Hause kam und der Köchin erzählte, er habe nur ein Rosenbäumchen gesehen mit einer Rose darauf, da sprach die Köchin: «Du Narr, warum hast du nicht das Rosenbäumchen entzweigeschnitten und die Rose heimgebracht? Geschwind, lauf hinaus und tue es!» Da machte sich der Knecht noch einmal auf den Weg.

4. Bild: Auf der Wiese

Der Vorhang öffnet sich.

Die Kinder aber auf der Wiese sahen den Knecht wieder herbei-
laufen. Da sprach Lenchen zum Fundevogel:
> Verläßt du mich nicht,
> so verlaß ich dich auch nicht.

Sprach Fundevogel:
> Nun und nimmermehr.

Da sagte Lenchen: «So werde du eine Kirche und ich die Krone
darin.»

Es erklingt eine leise Musik.

Verwandlung: Die Kinder verschwinden und es erscheint eine Kirche mit einer
Krone darin.

Der Knecht kommt.

Nun kam der Knecht herbei und sprach: «Das Rosenbäumchen
soll ich entzweischneiden und die Rose mit heimbringen, aber
hier steht nur eine Kirche mit einer Krone darin.» Er geht rechts ab,
kommt wieder. «Da ist nichts zu machen. So will ich nur wieder
nach Hause gehen.» Er geht links ab.

Der Vorhang schließt sich.

Also machte der Knecht sich auf den Weg. Und als er über die
Wiesen ging, dachte er bei sich «was wird jetzt die Köchin sagen,
wenn ich wieder ohne die Kinder heimkehre!»

5. Bild: Vor dem Haus

Der Vorhang öffnet sich, die Köchin steht schon vor der Tür.

Wie nun der Knecht nach Haus kam, stand die Köchin schon vor der Tür. Und sie sprach: «Nun, was hast du mitgebracht?»
Der Knecht antwortete: «Ich habe nichts weiter gesehen, als nur eine Kirche und es war eine Krone darin.»
Sprach die Köchin: «Warum hast du die Kirche nicht entzweigeschlagen und die Krone heimgebracht?»
Antwortete der Knecht: «Wie sollte ich das wissen?»
Da ward die Köchin zornig und rief: «Du Dummling, geh nur ins Haus. Jetzt werde ich selbst hinauslaufen und die Kinder fangen!»

Der Knecht geht nach rechts ins Haus – die Köchin kommt heraus und läuft über den Hof nach links ab.

Der Vorhang schließt sich.

Also machte sich nun die alte Köchin selbst auf die Beine und lief hinaus auf die Wiese, um die Kinder einzufangen. Lenchen aber und Fundevogel sahen sie schon von weitem kommen und Lenchen sprach zum Fundevogel: «Verläßt du mich nicht, so verlaß ich dich auch nicht.» Und Fundevogel antwortete: «Nun und nimmermehr.»
Und alsogleich waren die beiden Kinder verschwunden. Fundevogel war ein See geworden und Lenchen die Ente darauf.

Es erklingt eine leise Musik.

6. Bild: Am See

Der Vorhang öffnet sich, wir sehen den See und die Ente darauf; die Köchin kommt von links.

Nun kam die böse Köchin herbeigelaufen. Sie schaute umher und sprach: «Hier ist nichts zu sehen, als nur ein See und eine Ente darauf. Aber wartet nur! Ich werde den See austrinken und dann ist der Fundevogel fort!»

Sie beugt sich hinunter zum Wasser, die Ente kommt von rechts heran.

Aber die Ente kam schnell geschwommen, faßte sie mit ihrem Schnabel beim Kopf und zog sie ins Wasser hinein. Da mußte die alte Hexe ertrinken.

Sie verschwindet nach unten. Es erklingt eine leise Musik.

Verwandlung: Der See und die Ente verschwinden und die Kinder erscheinen wieder nebeneinander.,

Nun waren die Kinder erlöst. Sie gingen miteinander nach Haus und waren herzlich froh. Und wenn sie nicht gestorben sind, leben sie noch.

Langsam gehen sie beide nach links ab, und die Musik spielt dazu. Dann schließt sich der Vorhang. Das Spiel ist zu Ende.

Spielanleitung

Die Köchin wird zweimal ausgeschnitten, die erste Figur trägt zwei Eimer, die zweite läuft.

Lenchen wird auch zweimal ausgeschnitten, einmal im Nachthemdchen und einmal im Kleid.
Geht hin und her: Die Figur wird zur Seite hinausgeführt, umgewendet und wieder hereingeführt.
Rechts und links: bedeutet stets vom Spieler aus gesehen.
Verwandlung: Siehe Spiel-ABC. Besonders geheimnisvoll wirkt eine Verwandlung, wenn man dazu leise Musik erklingen läßt, zum Beispiel die hohen Töne einer Mundharmonika.
Der Rosenstrauch, die Kirche und *der See* müssen einen Haltestab (Griff) haben, damit man sie bei der Verwandlung von hinten heran und wieder fortführen kann.
Der See im 5. Bild wird hinter die Wiese gehalten, in der Mitte, wo die Gräser ganz kurz sind. Bei der Verwandlung brauchst du dann nur die Ente und den See nach unten herunterführen und dann haben wir wieder die Wiese.

Die Kulissen werden aus *einem* Stück geschnitten und in den Kulissenhalter gesteckt (siehe Spiel-ABC). Auf diese Weise lassen sich die Kulissen schnell auswechseln.
Vorhang:
Siehe Spiel-ABC, Zug-Vorhang.

Anleitung zum Ausschneiden der Figuren siehe S. 57–59

Kännchen voll

Nordisches Märchen

Es spielen mit:
Das Mädchen, das Kännchen, die Maus und der Bauer.

1. Szene

Die Bühne wird hell; wir sehen links ein kleines Haus und davor eine Treppe.

Zum Vorlesen:

Es war einmal ein kleines Haus. Ganz armselig sah es aus, windschief und wackelig. Darinnen wohnte ein Mädchen. Es hatte den letzten Groschen ausgegeben und alles verzehrt. Nun hatte es nichts mehr; nur noch ein einziges Kännchen. Aber das war leer.

Das Mädchen hatte das Kännchen schön sauber gewaschen und gespült und stellte es nun draußen vor die Tür, damit es in der Sonne trocknen sollte. Sie schiebt es heraus. Und plötzlich, denkt nur an, da fing das Kännchen an zu laufen! Es sprang die Stufen hinunter, holter, kobolter, und lief die Straße entlang. Läuft rechts ab. Wo will es nur hin, das Kännchen, so hübsch sauber gewaschen und gespült? Ich will's euch verraten. Es läuft zum Metzger. Dort steht grad der Geselle am Tisch und schneidet das Suppenfleisch. Da läuft's hin. Man hört es zurückkommen. Horcht! Jetzt kommt es zurück. Kommt von rechts. Aber seht nur, es ist nicht leer! Da steckt etwas drin! Nun klettert es die Stufen hinauf und klopft an die Tür. Das Mädchen hört das Klopfen und ruft:

Das Mädchen:	ruft von drinnen Wer ist draußen?
Kännchen:	Kännchen voll!
Das Mädchen:	kommt aus dem Haus Kännchen, was hast du mitgebracht?
Kännchen:	Schau in mein Bullebäuchlein.
Das Mädchen:	schaut hinein Suppenfleisch und Speck! Wer hat's dir gegeben?
Kännchen:	Tisch war zu klein, fiel's hinein.
Das Mädchen:	Ach du gutes Kännchen du, komm schnell herein, wir wollen's kochen.
	Beide gehen ins Haus.

Und das Mädchen nahm sogleich das Suppenfleisch aus dem Kännchen und kochte nun und brutzelte, daß vor Vergnügen das armselige Häuschen zu tanzen begann und der Rauch dick aus dem Schornstein puffte.

Das Häuschen tanzt hin und her, und aus dem Schornstein kommt Rauch heraus.

Langsam wird es dunkel.

2. Szene

Die Bühne wird wieder hell; und auf der Treppe steht das Kännchen.

Am anderen Morgen hatte das Mädchen sein Kännchen wieder schön blank gewaschen und gespült und zum Trocknen auf die Treppe gestellt. Und was meint ihr, das Kännchen begann wieder zu laufen! Es sprang die Treppe hinunter, holter, kobolter und lief die Straße entlang. Läuft rechts ab. Wißt ihr, wo es diesmal hinläuft? Zum Bäcker! Dort schüttet gerade der Bäckerjunge die frischen Brezeln auf den Tisch. Da läuft's hin. — Wartet nun, gleich wird es wiederkommen. Kommt von rechts. Da ist es schon. Und wieder hat es etwas mitgebracht. Jetzt klopft es an.

Das Mädchen: ruft von drinnen Wer ist draußen?
Kännchen: Kännchen voll!
Das Mädchen: kommt aus dem Haus Kännchen, was hast du mitgebracht?
Kännchen: Schau in mein Bullebäuchlein.
Das Mädchen: schaut hinein Honigbrezeln! Das ganze Kännchen voll! Wer hat's dir gegeben?
Kännchen: Tisch war zu klein, fiel's hinein.

Das Mädchen: Ach du gutes Kännchen du, komm schnell herein,
wir wollen's essen!

Beide gehen ins Haus.

Das Mädchen nahm die Honigbrezeln aus dem Kännchen, kochte
süßen Kaffee dazu und schleckte und leckte, daß vor Vergnügen
das Häuschen wieder zu tanzen begann und der Rauch dick aus
dem Schornstein puffte.

Das Häuschen tanzt hin und her, und aus dem Schornstein kommt Rauch
heraus. Die Bühne wird dunkel.

3. Szene

Die Bühne wird hell; wir sehen wieder das Häuschen und auf der Treppe steht
das Kännchen.

Dem armen Mädchen gefiel das recht gut. Am nächsten Morgen
hatte es schon in aller Frühe das Kännchen hübsch sauber gewaschen und gespült und zum Trocknen draußen auf die Treppe
gestellt. Und wieder fing es an zu laufen! Es sprang die Stufen
hinunter und lief die Straße entlang. Läuft rechts ab. Wo läuft es
denn nun hin, das Kännchen? Ich weiß es. Zum Wirtshaus! Dort
sitzen gerade die Bauern am Tisch und zählen ihr Geld. Da läuft's
hin! Und es dauert gar nicht lange, so kommt's wieder zurück,
kantapper, kantapper und bums! gegen die Tür.

Es kommt von rechts und läuft zum Haus.

42

Das Mädchen: <small>ruft von innen</small> Wer ist draußen?
Kännchen: Kännchen voll.
Das Mädchen: <small>kommt heraus</small> Kännchen, was hast du mitgebracht?
Kännchen: Schau in mein Bullebäuchlein.
Das Mädchen: <small>schaut hinein</small> Lauter blanke Taler! Wer hat sie dir gegeben?
Kännchen: Tisch war zu klein, fiel's hinein.
Das Mädchen: Ach du gutes Kännchen du, komm schnell herein, wir wollen's zählen.

<small>Beide gehen ins Haus.</small>

Das Mädchen nahm sogleich das Kännchen, schüttelte alles Geld heraus und drehte die Taler um und um, daß vor Vergnügen das armselige Häuschen wieder zu tanzen begann und der letzte Rauch noch aus dem Schornstein puffte.

<small>Das Häuschen tanzt, der Schornstein raucht; dann steht alles still.</small>

Nun könnt ihr euch denken, wie das Mädchen sich freute! Aber es wollte noch mehr haben. Und weil es recht gierig danach war, so dachte es bei sich: Warum soll ich bis morgen warten, das Kännchen zu schicken? Es soll mir heut noch etwas bringen. Und sie wusch das Kännchen nicht, sie spülte es nicht, nein, sie stellte es sogleich hinaus auf die Treppe. <small>Schiebt es hinaus.</small> Und wahrhaftig, das Kännchen begann wieder zu laufen! Es sprang die Treppe hinunter und lief die Straße entlang bis zum Marktplatz. <small>Läuft rechts ab.</small> Da blieb es stehen. Der Markt war gerade zu Ende, und die kleinen Mäuse hatten das Letzte noch aufgesammelt. Nun schlüpfte ein Mäuslein ins Kännchen hinein, um darin zu schlafen.

Als Kännchen das merkte, schlich es heim, ganz sacht, ganz sacht.

Kommt von rechts, schleicht langsam zum Haus.

Und es klopft an die Tür.

Das Mädchen: ruft von drinnen Wer ist draußen?

Kännchen: Kännchen voll.

Das Mädchen: kommt heraus Ach du gutes Kännchen du, komm schnell herein!

Beide gehen ins Haus.

Was wird diesmal drinnen sein? dachte das Mädchen und griff neugierig mit der Hand in das Kännchen.

Da sprang das Mäuslein hervor. Es springt aus dem Haus und rechts ab. «Du böses Kännchen du!» rief das Mädchen und wurde so zornig, daß sie das Kännchen zur Tür hinaus warf. Es rollt heraus und bleibt liegen. Und da war das Kännchen zerbrochen.

Wie nun das Mädchen aus dem Haus heraustrat und sah, daß das Kännchen zerbrochen war, da begann sie zu weinen. «Ich armes Mädchen, was fang ich nun an!»

Von links kommt ein Bauer und steht nun hinter ihr.

Zum Glück kam ein Bauer des Weges daher, der sagte: «Komm mit auf meinen Hof, du kannst die Kühe melken.» Da ging das Mädchen mit dem Bauern auf seinen Hof, melkte die Kühe und es war zufrieden.

44 Beide gehen miteinander rechts ab; es wird dunkel. Das Spiel ist zu Ende.

Spielanleitung

Das Häuschen ragt links etwas aus dem Spielfeld heraus, damit du es anfassen kannst und hin und her bewegen, wenn es vor Vergnügen tanzt. Es ist gesondert geschnitten und hinter das Rasenstück in den Kulissenhalter gesteckt.

Der Schornstein raucht: Ein langes Stück Zellophan, das schmaler ist als der Schornstein, wird wellig geschnitten und hinter dem Schornstein hochgeführt, herauf und herunter. Der Schornstein raucht!

Das Kännchen muß recht groß sein, damit viel hineingeht. Es wird viermal ausgeschnitten, einmal ist es leer, einmal mit Fleisch gefüllt, dann mit Brezeln und zuletzt mit Geldstücken. Sein Führungsstab besteht immer aus unsichtbarem Zellophan.

Das Kännchen läuft: Dabei muß es stets von einem leisen Klang begleitet werden, damit die Zuschauer hören, wenn es kommt. Man kann Holzleisten von verschiedener Länge auf eine weiche Unterlage legen und mit dem Bleistift anschlagen.

Das Kännchen zerbricht: Man läßt es über die Treppe herunterrollen und führt es dann nach unten ab.

Die Maus schaut nicht aus dem Kännchen hervor. Sie versteckt sich! Ihr Haltestab besteht auch aus Zellophan, damit man ihn nicht sieht, wenn die Maus aus dem Haus springt.

Dieses Schattenspiel könnt ihr auch noch weiter ausgestalten,
indem ihr die Erlebnisse des Kännchens beim Metzger und Bäk-
ker, bei den Bauern und auf dem Wochenmarkt in gesonderten
Szenen darstellt.
Eine lustige Aufgabe für eine ganze Spielgemeinschaft!

Anleitung zum Ausschneiden der Figuren siehe Seite 60.

Spiel-ABC

Auftritt: Die Schattenfigur wird hinter der Bühne dicht an der Spielfläche entlanggeführt, so daß ihr Schatten deutlich auf der Fläche erscheint.
Die Figur kommt von der Seite herein und geht auch zur Seite wieder ab.
Hexen, Riesen und andere Geister kannst du auch nach hinten wegführen. Dann werden die Schatten immer größer, bis die Gestalt verschwunden ist.

Ausschneiden: Die Schere hält man still beim Schneiden! Nur das Papier wird gedreht, hin und her und auf und ab.
Zu Beginn kannst du deine Schattenfiguren mit Bleistift vorzeichnen und dann ausschneiden. Später aber versuche, sie frei zu schneiden. Die Figuren werden lebendiger!
Dünne Beine schneidet man nicht aus. Die Figur kippt damit leicht um. Der Hans trägt am besten lange Hosen und die Prinzessin bekommt ein weites Gewand, das bis zu den Füßen reicht. So kann man sich helfen.

Beleuchtung: Bei nächtlichen Szenen kannst du ein dünnes Tuch über deinen Lampenschirm legen. Es entsteht dadurch eine geheimnisvolle und zauberhafte Beleuchtung.

Figuren:

Die Figuren, die du ausschneidest, brauchen nicht immer auszusehen wie in Wirklichkeit. Du kannst auch ganz unwirkliche Figuren schaffen, Trolle und Wichtel, Riesen und Zwerge, Hexen und Ungeheuer und noch viel mehr. Das Schattentheater ist wie ein Märchen, da gibt es vielerlei Gestalten.

Figurenhalter:

Aus kleinen, dicken Pappschachteln von Medikamenten und dergleichen kann man Figurenhalter machen. Die Schachteln haben meistens an der Seite eine Klappe zum Öffnen. Wenn wir sie nun hochkant stellen, dann sehen wir oben am Rand einen Schlitz. Und da hinein können wir die Schattenfigur mit ihrem Haltegriff stecken.
Nun kann die Figur stehen und wir können sie hin und her schieben.

Fische:

Die Fische werden im Faltschnitt geschnitten. Zeichne zuerst einen Fisch auf schwarzes Kartonpapier. Dann falte ihn der Länge nach zur Hälfte zusammen und schneide ihn aus. Zuletzt wird auch das Innere des Fisches ausgeschnitten, so daß nur der Umriß der Figur stehen bleibt.
Nun wird der Fisch auseinandergeklappt und auf graues oder schwarzes Seidenpapier oder

auch auf farbiges Transparentpapier geklebt.
Aus dem überstehenden Papier kann man die
Flossen und den Schwanz einschneiden.
Zum Schluß klebe noch ein rundes Auge auf.
Dann ist der Fisch fertig.
Als Führungsstab wird am Rand der Figur ein
durchsichtiger Zellophanstreifen angeklebt.
Damit kann man den Fisch hinter der Bühne
führen.
Für farbige Fische wird hinter die Spielwand ein
Bogen farbiges Transparentpapier (hellgrün)
gehängt. Das Papier wird an der Seite der
Bühne mit Tesa-Krepp befestigt.

Führung: Es gibt bewegliche und unbewegliche Schattenfiguren. Wir wollen uns vorerst mit den unbe-
weglichen begnügen, weil sie leichter herzu-
stellen sind.
Auch unbewegliche Schattenfiguren wirken
lebendig, wenn du sie richtig führst. Soll die
Figur gehen, dann lasse sie kleine seitliche
Bewegungen machen, damit sie nicht
«schwebt». Eine stolze Figur neige etwas nach
hinten, «hochnäsig». Soll die Figur eine Verbeugung machen, so neige sie nach vorn.
Auch tanzen können deine Figuren!
Bewege sie leicht hin und her, herauf und herunter, nach links und nach rechts. Tanzende

Figuren kann man auch von oben mit einem Zwirnsfaden führen. Der Faden wird mit seinen beiden Enden an den Armen der Figur angeklebt.

Ist deine kleine Kartonbühne zu eng, dann drehe sie um und spiele von der anderen Seite.

Haltestab: Für Vögel und Figuren, die von oben auf die Bühne kommen, können wir auch Haltestäbe aus Zellophan verwenden. Sie werden auf die Figuren aufgeklebt.

Zellophan ist durchsichtig, und die Zuschauer können darum diese Stäbe nicht sehen.

Zellophan kann man im Zeichengeschäft kaufen. Wenn es zu dünn ist, werden zwei Streifen mit farblosem Klebstoff übereinandergeklebt.

Kartonpapier: Dünne Pappe gibt es im Papiergeschäft zu kaufen.

Kulissen: Zuweilen brauchst du für dein Schattenspiel auch Kulissen, einen Baum, einen Zaun oder ein Haus. Damit du diese Kulissen hinter deiner Bühne aufstellen kannst, mußt du unterhalb der Spielfläche einen Streifen Kartonpapier ankleben. Aber nur den unteren Rand ankleben! Oben bleibt der Streifen lose. Du kannst nun alle Kulissen dahinter einstecken.

Auch mit Tesa-Krepp kann man die Kulissen
befestigen. Der Streifen läßt sich jederzeit wieder abnehmen.

Musik:

Zum Schattentheater gehört auch Musik. Aber
sie muß leise sein. Ein Schattenspiel verträgt
keinen Lärm; denn die Schatten, die wir sehen,
sind wie ein Traum, ungreifbar.
Geeignete Instrumente sind die Block- oder
Choroiflöte, die Mundharmonika, das kleine
Glockenspiel und die Triangel.
Auch Glasteller und Weingläser haben einen
wunderbaren Klang, wenn man sie auf eine
weiche Unterlage stellt und vorsichtig mit
einem Bleistift anschlägt.

Ordnung: Sie ist sehr wichtig, besonders hinter der Schattenbühne. Sonst kann es geschehen, daß eine Figur, die gerade auftreten soll, nicht zu finden ist. Am besten legt man alle Figuren, die in der Szene mitspielen sollen, nebeneinander hinter der Bühne auf den Tisch.

Probe: Bevor du ein Schattenspiel auf deiner Bühne zeigst, mußt du es erst ein wenig üben, damit es den Zuschauern auch gefällt.
Stelle einen Spiegel vor deine Bühne. Darin kannst du dein Spiel beobachten.

Spielgestaltung: Wenn du ein Schattenspiel aufführen willst, nach einem Märchen oder einer Geschichte, so brauchst du dafür kein Theaterstück zu schreiben, sondern die Geschichte wird einfach erzählt oder vorgelesen. Und diejenigen Teile der Geschichte, die sich gut zum Spiel eignen, versuchst du dann mit deinen Figuren darzustellen.
Am besten ist es, wenn du einen Helfer hast, der die Geschichte vorliest, während du die Figuren führst.
Natürlich kannst du auch ganz allein ein Schattenspiel aufführen, aber dann mußt du deine

Geschichte auswendig wissen, denn vorlesen und gleichzeitig die Figuren führen, das verträgt sich nicht miteinander.

Tischbühne: Wenn mehrere Kinder mitspielen wollen, könnt ihr euch eine größere zusammenklappbare Bühne bauen aus Pappe oder Holzfaserplatten. Sie besteht aus drei Teilen, dem Vorderteil und den beiden Seitenteilen.
Im Vorderteil wird in der Mitte die Spielfläche herausgeschnitten oder gesägt und mit weißem Papier hinterklebt, wie bei der kleinen Kartonbühne.
Und dann werden die beiden Seitenteile mit Tesa-Streifen an den Mittelteil angeklebt, ein Seitenteil rechts, ein Seitenteil links.
Die Pappen dürfen beim Kleben nicht ganz dicht aneinander gelegt werden. Es muß ein kleiner Zwischenraum bleiben, damit man die Bühne auch zusammenklappen kann (siehe Spiel-ABC «Tesaband»).

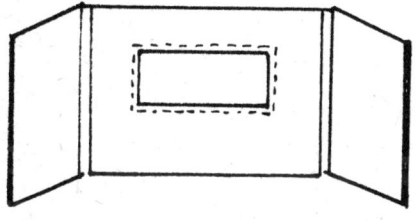

Tesaband: Willst du zwei Bühnenpappen aneinanderkleben, so kannst du das mit Tesaband machen. Man zieht einen Streifen von der Rolle ab, 4 cm länger, als die Pappe ist und legt ihn auf den Tisch. Nun klebt man von jeder Seite eine Pappe auf den Streifen.

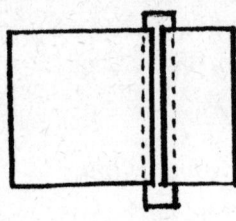

Die Pappen dürfen nicht ganz dicht zusammengelegt werden und oben und unten bleiben je 2 cm vom Tesaband frei (siehe Zeichnung!) Wenn die Pappen fest sind, dann werden die Enden vom Tesaband, die oben und unten überstehen, umgebogen und angeklebt. Nun ziehst du noch einen Streifen Tesaband ab, genau in der Länge der Pappen, und klebst ihn auf der anderen Seite fest. Jetzt sind die Pappen miteinander verbunden und können auch zusammengeklappt werden.

Umwenden: Wenn eine Figur während des Spiels gewendet werden muß, so tut man das nicht auf offener Bühne, sondern man führt die Figur zur Seite heraus, dreht sie rasch um und führt sie wieder herein. Auch hinter einem Baum oder einem Haus kann man die Figur umdrehen.

Verwandlung: Im Schattentheater kannst du eine Figur auf offener Szene verschwinden lassen und sie in eine andere verwandeln. Man führt sie aber nicht zur Seite heraus, sondern nach hinten! Dabei werden die Schatten immer größer, was das Geheimnisvolle einer Verwandlung noch unterstreicht. Genauso wird auch die neue Figur wieder hereingeführt.

Zirkus:

Größere Zirkusfiguren, die aus Pappe geschnitten sind, könnt ihr auch beweglich gestalten. Man braucht dazu einen Locher, einen Spitzbohrer oder eine spitze Schere, um die Löcher zu bohren, dann kleine und große Musterklammern und starkes, durchsichtiges Zellophan. Und so wird's gemacht:

Wollen wir einen beweglichen Arm haben, so schneiden wir die Figur ohne Arm aus und dann den Arm extra. Der Arm muß oben etwas länger geschnitten sein, damit er über die Schulter herüberreicht.

Nun kann man die Schulter und den Oberarm durchlochen und durch beide Löcher eine Musterklammer stecken. Die Musterklammer wird auf der Rückseite umgelegt und mit einem Tesastreifen überklebt.

Jetzt hat die Figur einen beweglichen Arm. Wir brauchen nun noch einen Führungsstab (F), mit welchem wir den Arm bewegen können. Diesen Führungsstab schneidet man aus durchsichtigem Zellophan. Dann können die Zuschauer den Stab nicht sehen.
Er wird in der Mitte des Armes auch mit zwei Löchern und einer kleinen Musterklammer befestigt.

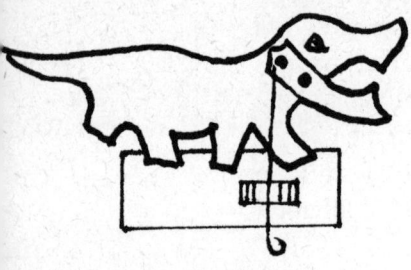

Nun können wir den Arm von unten her mit dem Führungsstab bewegen.
Dasselbe könnt ihr auch mit einem beweglichen Kopf oder Bein versuchen.

Zug-Vorhang:

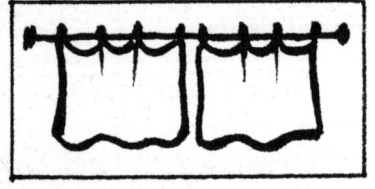

Hast du dir eine kleine Kartonbühne gebastelt, so kannst du als Vorhang gleich die andere Hälfte vom Karton benutzen. Die Seitenteile werden abgeschnitten und der Mittelteil wird vor die Bühne gestellt.
Dann ist der Vorhang geschlossen.
Wer eine größere Bühne gebaut hat, aus starker Pappe oder Holz, der kann einen richtigen Vorhang anbringen. Dazu werden oberhalb der Spielfläche zwei kleine Schraubösen eingeschraubt, rechts eine und links eine. Diese Schraubösen verbindet man mit einer Schnur und daran wird der Vorhang mit kleinen Ringen aufgehängt.
Wer gut zu basteln versteht, kann ihn auch zum Ziehen einrichten.
Der Stoff für den Vorhang muß recht dicht sein, damit man nicht hindurchsehen kann.

Figuren zum Nachzeichnen und Ausschneiden

Wer aber schon zeichnen kann, der sollte sich die Figuren für sein Schattentheater selbst ausdenken. Sie werden viel lebendiger, wenn alles so aussieht, wie ihr es euch vorstellt!

Die Köchin   Der Knecht

Die Kirche   Der Rosenstrauch   59

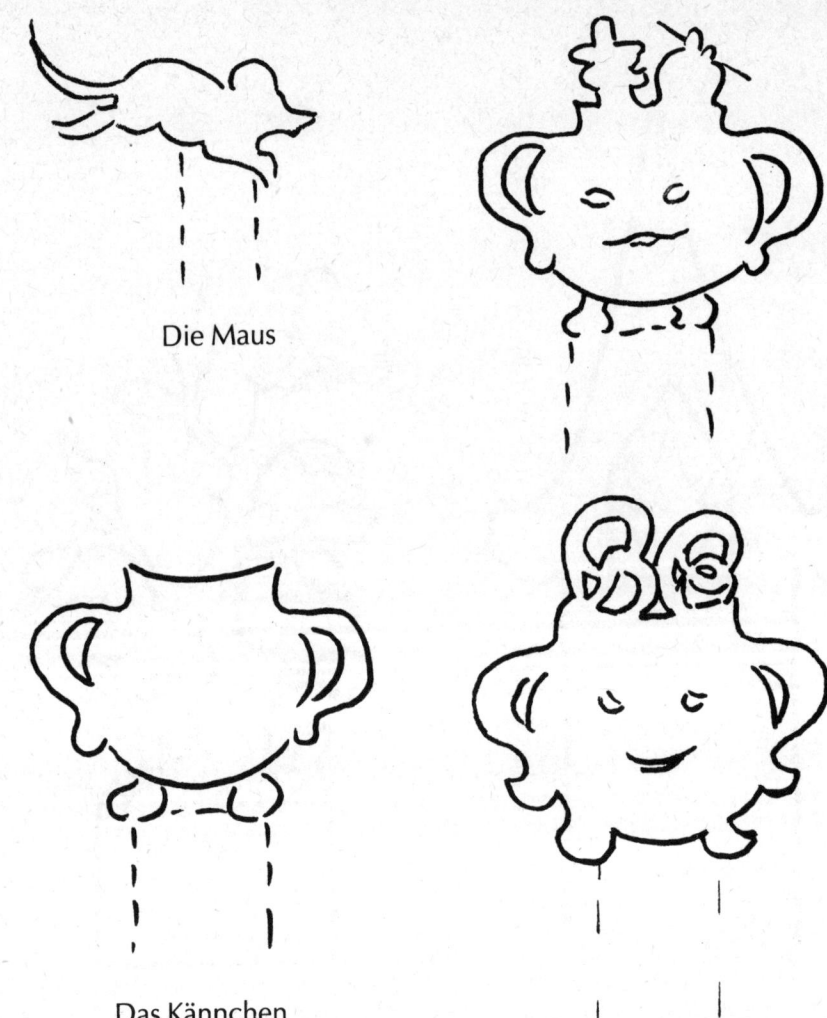

Die Maus

Das Kännchen

Der Bauer

Das Mädchen

61

Werkbücher für Kinder, Eltern und Erzieher

1 Wir spielen Schattentheater

Anregungen für eine einfache Bühne, kleine Szenen und zwei Märchenspiele illustriert und zusammengestellt von **Erika Zimmermann.**
2. Auflage, 62 Seiten, kartoniert

China, Indonesien . . . – das Schattentheater gehört zu den ältesten spielerischen Betätigungen des Menschen und regt Kinder zu phantasievoller, kreativer Tätigkeit an: unser Schattentheater kann mit sehr einfachen Mitteln von Kindern selbst gebaut und gespielt werden. Dazu gibt das Bändchen reiche Anregungen – vom Schattenraten mit einfachen Gegenständen bis zu kleinen Märchenspielen mit wenigen Figuren und leichten Texten.

2 Advent

Praktische Anregungen für die Zeit vor Weihnachten. Zusammengestellt von **Freya Jaffke.** Mit Zeichnungen von Christiane Lesch und farbigen Abbildungen. 2. Auflage, 60 Seiten, kartoniert

Alte und neue Adventsbräuche hat Freya Jaffke (Spielzeug von Eltern selbstgemacht!) hier gesammelt: sinnvolle und schöne Gegenstände, an denen die Kinder ihre Geschicklichkeit üben können und die auch der Vorbereitung auf Weihnachten dienen.

3 Bilderbücher mit beweglichen Figuren

Anregungen und Anleitung zum Selbermachen von **Brunhild Müller.**
60 Seiten, kartoniert

Das Bilderbuch muß aus den menschenkundlichen Grundlagen des Kindes heraus gestaltet werden. Dabei zeigt es sich, daß das Kind die Formen eines Bildes erst allmählich aus den bewegenden, regsamen Bildekräften seiner inneren Natur erfaßt. Aus diesem Grunde sind bewegliche Bilderbücher, in denen das Kind eine erzählte Geschichte selbst aktiv ausführen kann, der frühen Kindheit angemessener.

VERLAG FREIES GEISTESLEBEN STUTTGART

Arbeitsmaterial aus den Waldorfkindergärten

1 Spielzeug – von Eltern selbstgemacht
Von **Freya Jaffke**
9. Aufl., 58 Seiten mit zahlreichen Zeichnungen

2 Getreidegerichte – einfach und schmackhaft
Von **Freya Jaffke**. 6. Aufl., 52 Seiten

3 Färben mit Pflanzen
Textilien selbst gefärbt. Historisches und Rezepte für heute, dargestellt
und illustriert von **Renate Jörke**
3. Auflage, 72 Seiten, kartoniert

4 Singspiele und Reigen
für altersgemischte Gruppen. Aus dem Waldorfkindergarten Hamburg
zusammengestellt von **Suse König**. 3. Auflage, 56 Seiten

5 Kleine Märchen und Geschichten
zum Erzählen und für Puppenspiele. 3. Auflage, 55 Seiten

6 Rhythmen und Reime
Gesammelt bei der Vereinigung der Waldorfkindergärten Stuttgart. 2. Auflage, 64 Seiten

Plan und Praxis des Waldorfkindergartens
Herausgegeben von **Helmut von Kügelgen**.
6., erweiterte Auflage, 96 Seiten

Aus dem Inhalt:
Vorschulerziehung aus den Anforderungen des Kindes – Vom Spielen und
Freuen – Erleben des Tag- und Jahreslaufs – Willensbildung und das künstle-
rische Element – Märchen – Wie Eltern die Lernfähigkeit ihrer Kinder
vorbereiten – Gedanken eines Arztes – Winke zur Selbsterziehung – Aufga-
ben der Waldorfkindergärtnerin, Aus- und Fortbildung

VERLAG FREIES GEISTESLEBEN STUTTGART